AF562433

DÉNONCIATION

AU ROI.

DÉNONCIATION

AU ROI,

DES ACTES ET PROCÉDÉS

PAR LESQUELS LES MINISTRES DE SA MAJESTÉ

ONT VIOLÉ LA CONSTITUTION,

Dénaturé l'esprit et la lettre des nouvelles ordonnances, et détruit l'excellent esprit public, qui avait accueilli le retour des Bourbons.

PAR M. MÉHÉE DELATOUCHE,

ANCIEN CHEF DE DIVISION AUX MINISTÈRES DES RELATIONS EXTÉRIEURES ET DE LA GUERRE.

TROISIÈME ÉDITION.

Mea res agitur paries cum proximus ardet.

HOR. Eptl.

A PARIS,

CHEZ la veuve VILLAIN, rue du Paon, n°. 1.

ET CHEZ LES MARCHANDS DE NOUVEAUTÉS.

1814.

AVIS.

Un homme qui a long-temps étourdi le public et les tribunaux de plaintes contre de prétendus contrefacteurs, et qui a été justement repoussé par le public et les tribunaux, vient tout bonnement de contrefaire et de mettre en vente la première édition de cet écrit. Nous déclarons itérativement n'avouer que les exemplaires qui portent notre timbre, c'est-à-dire les trois lettres initiales de nos noms, M. D. L. Nous déclarons de plus que les exemplaires de l'édition contrefaite, que des personnes que nous pouvons au besoin représenter, ont achetés chez M. Dentu, sont non seulement fautifs, mais encore très-différens de ceux que nous avons avoués.

Le dépôt ordonné par la loi ayant été fait, nous allons poursuivre non seulement les auteurs et débitans de la première édition contrefaite, mais encore ceux de cette troisième s'il s'en présente.

DÉNONCIATION

AU ROI.

SIRE,

Dans les momens de crises et de dangers qu'ont presque toujours amené l'ignorance ou le despotisme des agens ou de l'autorité, les princes n'ont jamais manqué de reconnaître qu'ils avaient été trompés; et que les choses eussent pris un tout autre cours, si la vérité eût été présentée par des serviteurs fidèles. Toujours ils ont déploré, (tombés dans l'abime) la fatalité attachée à leur condition, qui semblait les condamner à être le jouet éternel des passions de leurs ministres et de leurs courtisans. Ces regrets tardifs absolvent quelquefois au tribunal indulgent des contemporains; mais l'histoire, plus sévère, punit, à l'égal des délits, les fautes qui ont causé la ruine des générations; et lorsqu'elle trace de

I

sa main indépendante les erreurs des peuples et des rois, elle reproche, avec une égale justice, aux uns la stupide obéissance par laquelle ils ont consolidé la tyrannie, aux autres le peu de soin qu'ils ont pris d'assurer à la vérité l'accès qu'elle eût dû trouver vers le trône.

Heureusement, sire, ces reproehes ne seront jamais mérités par vous, ni par les peuples qui vous sont soumis. Votre majesté est trop éclairée pour n'avoir pas prévu le cas où l'inexpérience de ceux qu'elle a proposés à la conduite des affaires, rendrait nécessaire son intervention entre le peuple et les ministres. *Les Français*, avez-vous dit, *ont le droit de publier et de faire imprimer leurs opinions, en se conformant aux lois qui* DOIVENT *réprimer les abus de cette liberté.* En faisant cette déclaration solemnelle, Votre Majesté ne nous a laissé aucun prétexte de nous plaindre un jour de la servitude dans laquelle nous serions volontairement tombés, si nous déposions les armes qu'elle a daigné remettre elle-même entre nos mains pour nous en garantir. Si ce malheur nous arrivait jamais, vous seriez en droit de nous dire : « N'avais-je pas prévu que je pouvais être trompé ? Ne vous ai-je pas donné moi-même les moyens de m'en préserver. Si

» j'ai dû confier à mes ministres de grands pou-
» voirs, ne vous ai-je pas donné les moyens
» de m'avertir s'ils en abusaient? En vous
» rappelant vos droits et en les reconnais-
» sant, votre prince vous a-t-il dit de n'en
» user que de la manière et dans les circons-
» tances qui conviendraient à ceux contre les-
» quels il vous les a donnés? Cette phrase, *en*
» *se conformant aux lois*, peut-elle signifier :
» en se conformant au *caprice*, *à l'opinion*,
» *à l'intérêt*, *à la volonté* d'un CENSEUR?
» Les ministres craignent que vous censuriez
» leur gestion! Hé bien! il faut qu'ils le
» craignent : il faut même que leur gestion
» soit censurée par ceux qui auraient à s'en
» plaindre; il faut que ces censures me soient
» connues pour que j'en puisse apprécier
» le mérite. Voilà l'usage que j'ai entendu
» autoriser. Quant aux abus que l'on en peut
» faire, nous aurons des lois propres à les *répri-*
» *mer*. Aurais-je craint ces abus de vos droits,
» si j'avais entendu me réserver d'en diriger
» l'usage! Avez-vous pu oublier les propres
» paroles de votre roi, paroles si claires et si
» précises, pour admettre les interprétations
» intéressées de ses agens? De quels termes,
» de quelles formes fallait-il que je me ser-

» visse pour constater et consolider mes prin-
» cipes, si l'acte le plus religieux, le plus
» saint, le plus solennel de ma puissance, ne
» vous a pas paru plus respectable que l'ergo-
» tage si souvent confondu de ceux qui vous
» ont asservis? »

Voilà, Sire, ce que Votre Majesté ne manquerait pas de nous dire, si, en marchant sous vos auspices à la réorganisation générale, nous lâchions le fil que vous nous avez tendu pour nous sauver.

Ne craignez pas, Sire, que nous retombions de nouveau dans ce piège, où tous les genres de tyrans nous ont entraînés tour à tour, depuis vingt-cinq ans, avec un succès si déplorable. Votre Majesté a voulu que la presse fût libre, elle le sera, et vous serez obéi en ce point comme sur tout le reste. Vous avez voulu vous assurer les moyens de connaître la vérité, vous n'avez rien à craindre d'elle; vous la saurez donc, quelle quelle soit; et son règne, qui aura commencé avec le vôtre, datera de l'an premier de la restauration.

On vous entretient, Sire, dans une erreur déplorable, si l'on vous persuade que l'esprit public est aujourd'hui ce qu'il était à l'époque de votre retour. La joie si pure, dont vous étiez à la fois le témoin et la cause, a fait place à cette inquiétude sombre, à cette méfiance générale, aliment ordinaire des factions, et premier moyen des désorganisateurs. La sécurité que vos douces paroles avaient inspirée a fui devant les mesures prises coup sur coup par vos ministres, et ces agens infidèles ou mal adroits se sont conduits comme s'ils avaient pris à tâche de prouver que les principes consolateurs, professés par Votre Majesté, n'étaient qu'un piége pour tromper la nation, et l'un de ces moyens que le machiavélisme des tyrans a toujours employé pour endormir ses victimes avant de les immoler.

Daignez, Sire, comparer un moment les intentions paternelles que vous nous avez si bien exprimées, avec la manière dont elles ont été remplies, et Votre Majesté jugera de l'effet que cette comparaison a dû faire sur l'esprit des peuples. Ce ne sont pas les rares et faibles partisans du régime renversé, ce ne sont pas non plus des désorganisateurs et des malveillans, c'est la France entière; ce sont les royalistes les plus prononcés, ce sont des émigrés mêmes, qui, craignant avec raison, que le peu d'accord qu'ils remarquent entre les promesses sacrées de Votre Majesté et les actes du Gouvernement, n'amene de nouvelles tempêtes, et n'ajourne indéfiniment le repos dont ils commençaient à jouir ainsi que nous, font à regret la triste récapitulation dont je crois utile d'offrir ici le tableau.

Examen comparatif des promesses royales et des actes ministériels.

Le premier aveu échappé à la véracité si respectable du descendant de *Saint-Louis*, c'est qu'il a été rappelé sur le trône de ses ancêtres *par l'amour de ses peuples*. Pourquoi cette reconnaissance d'une vérité qui honore à la fois la nation et le prince, d'une vérité qui fonde sa nouvelle puissance sur le seul titre qui la rende incontestable et légitime, est-elle omise dans les préambules de tous les actes de l'autorité royale! Pourquoi n'est-il pas dit que notre prince est ROI, *par le choix libre de la nation*, comme cela est en effet? Pourquoi à cette phrase si belle et si vraie avoir substitué la vieille et triviale formule, LOUIS PAR LA GRACE DE DIEU, etc. Si l'on nous objecte qu'un prince pieux comme est le nôtre, habitué à tout rapporter à la volonté du ciel, a dû en cette occasion faire à l'Être suprême, hommage du sentiment qui a porté le peuple français à l'appeler au trône ; et que dire : *Roi par la grâce de Dieu* signifie : *par la volonté du peuple à qui Dieu a inspiré cette volonté;* nous répondrons que l'ellipse est trop forte ; que la reconnaissance du prince pour son peuple ne pouvait pas être trop clairement exprimée, et nous répéterons que la formule, *par la grâce de Dieu*, est bannale et superflue. La religion nous a appris, que rien n'arrive dans le monde sans la permission de Dieu, mais Dieu permet beaucoup de choses que le peuple n'eût pas choisies; Dieu a permis le règne des *jacobins*, pour me servir de l'expression de M. l'abbé *Montesquiou;* il a permis celui des *comités*, du gouvernement *révolutionnaire*, du *directoire*, des *consuls*, d'un *empereur*, etc. etc.; tout cela est arrivé par la *grâce de Dieu*, et rien de tout cela par la volonté libre des Français. La nouvelle formule que je regrette eût renfermé l'ancienne, et l'ancienne ne suppose pas nécessairement la nouvelle. Lorsqu'un prince est touché et reconnaissant, il n'est pas naturel qu'il se vante du *moins* lorsqu'il peut citer le *plus* en sa faveur. Le même esprit de religion qui a consacré que les rois et les bergers sont égaux devant Dieu, ne permet pas non plus, à notre sens, à un prince modeste, la pensée que Dieu se soit plus occupé de lui que de tout autre, et que le ciel ait décidé que ce serait *Louis* plutôt que *Pierre*, ou *Philippe*, qui ferait exécuter les lois en France. Ce qui répondait à tout, c'est que *le peuple français l'a voulu*. Notre bon roi l'a répété dans mainte occasion, c'est donc contre son opinion et sa volonté qu'on refuse de le dire dans les occasions les plus importantes.

Les ministres ne s'en sont pas tenu là, ils ont voulu humilier la nation et ravaler la Majesté royale dans l'occasion qui pouvait le plus affecter le peuple. Leurs journaux font faire à notre *Roi* un espèce d'hommage de sa couronne au prince royal d'Angleterre. Ils lui font dire *qu'après Dieu il lui doit cette couronne*. Certes, si cette phrase eût échappé à Sa Majesté, il faudrait la ranger dans la classe de ces complimens de pure courtoisie, qui ne coûtent rien, et que l'on donne pour ce qu'ils valent. Il faudrait se hâter de l'oublier, et ne pas la consigner dans les Annales de la restauration. Au reste, il suffit à l'honneur et à la gloire nationale qu'il n'ait plus à Dieu et aux Anglais de rétablir Louis XVIII, que lorsqu'il a plu au peuple français de ne plus soutenir un gouvernement devenu insupportable.

Sa Majesté a reconnu, il y a quelques mois

seulement, qu'elle était appelée au trône par l'amour de ses peuples, et les ministres lui font dater tous ses actes de l'an 19e de son règne !... Quel peut être le but d'une singularité, qui donne un démenti au prince lui-même, à la raison et à la vérité? Voudrait-on rendre le monarque responsable des maux que nous avons soufferts pendant cette longue époque, où nous avons été si évidemment privés, et de ses conseils et de son influence? Voudrait-on mettre sur le compte de Sa Majesté, toutes les horreurs dont nous avons été victimes, les trahisons exercées en son nom contre la patrie commune, les massacres des habitans de tous les partis, l'embrasement de nos vaisseaux dans nos rades et nos ports, tous les genres de complots organisés dans l'intérieur, les assassinats des courriers, les vols des diligences, les mensonges, les calomnies et tous les crimes que, sans la loi d'oubli, nous aurions à reprocher au zèle des fanatiques qui prétendent aujourd'hui avoir servi la patrie, en servant les ennemis de l'Etat.... ! Un pareil projet fait frémir, et nous n'osons en soupçonner personne !

Aurait-on voulu prouver que tous nos actes depuis dix-neuf ans sont autant de crimes et de rebellions ?... Mais d'où vient donc cette fureur de nous trouver des crimes toujours nouveaux ! Et si l'on a le projet d'obéir au roi, qui a déclaré ne vouloir dater que du 12 mars, pourquoi ces excursions dans le passé ? Pourquoi toujours rétrograder ? En un mot, pourquoi mentir ?

Sa Majesté, en reprenant les rênes de l'empire, a déclaré que tout ce qui a rapport à des *actes*, *votes* et *opinions* antérieures à la restauration, serait livré à l'oubli. Elle a daigné faire de cet oubli une des clauses principales de la charte, qui le *commande aux tribunaux et aux citoyens*.

Les ministres apparemment sont au-dessus des tribunaux, des citoyens et de la charte elle-même, puisque cette clause était violée le lendemain du jour où elle fut promulguée. Est-ce comme moyen d'*oubli* que les autorités, et tout ce qui tient à elles, les prêtres, les écrivains et les journalistes, ont proclamé à l'envi ces *commémorations* funéraires, en l'honneur de tout ce qui a péri victime de son attachement à l'un des partis qui ont divisé la France ? Est-ce pour les faire oublier que l'on rappelle successivement tous les effets des troubles civils, qu'on désigne à la mémoire de ceux qui ont souffert, les actes du parti opposé ; que la presse, le burin, les chaires publiques et les théâtres nous reproduisent les faits que l'on prétend vouloir ensevelir, que l'on essaye de couvrir la France d'un crêpe funèbre, et de la transformer en un vaste lacrymatoire!......

Et que diraient nos ministres, si nous choisissions ce moment pour renouveller les hommages funèbres que nous avons rendus jadis aux hommes qui ont péri, au 10 *août*, dans la lutte du peuple contre ce qui était resté de défenseurs au trône. Si nous voulions, dans ces jours de réconciliation générale, rappeler les assassinats commis sur les patriotes au *Fort-Jean* de Marseille, à Lyon, à Avignon, etc., et appeler une pitié intempestive sur ces victimes immolées, de l'aveu des assassins, en holocauste et en expiations d'autres assassinats! (1) A qui croit-on en imposer en affectant ces hypocrites dé-

(1) Je ne laisserai pas échapper cette occasion d'observer que l'effet que quelques gens attendaient, sans doute, de l'une de ces dernières solennités, a été éludé par la prudence et la sagesse d'un digne prêtre, M. l'abbé *Legris-Duval*, chargé du discours qui a été prononcé à l'occasion des victimes du 2 septembre. Ce discours, qui nous a fait connaître un très-rare talent, est en outre un modèle de cette mesure dont ne s'écartent jamais la véritable piété, et le zèle qu'avoue *l'Evangile*.

monstrations d'une douleur que ne comporte pas la nature de l'homme? Le père le plus tendre, le fils le plus pieux, le frère le plus désintéressé ne pleurent que pendant un temps donné les objets les plus chéris. Les larmes tarissent, la douleur meurt comme tout le reste, et si quelquefois la mémoire de nos anciennes afflictions vient nous dérober une larme, cette larme coule isolée et solitaire. Elle fuit cet éclat qui la rendrait suspecte, et n'a besoin ni de prédicateurs, ni de journalistes. La vertu est belle par elle-même; mais, messieurs, la vertu véritable est modeste, et la vôtre *fait un vacarme* dont le moindre inconvénient serait que bien des gens n'y croiraient pas. Le plus sage est d'obéir au Roi, qui veut que l'on oublie tout de part et d'autre. Croyez que vous êtes aussi intéressés que nous à cet oubli. Il serait pénible pour nous de paraître récriminer; mais si l'émigration venait nous reprocher les pertes qu'elle a faites dans la guerre heureusement terminée, nous lui rappellerions la réponse que fait un personnage de la fable à la lionne qui déplorait la perte de son *faon*.

Ma commère,
Ceux que vous avez étranglés,
N'avaient-il ni père, ni mère?

Lafontaine.

Le Roi avait promis de laisser chacun dans les postes qu'il occupait, et les agens de l'autorité royale ne sont pas plutôt nommés, que tous les employés de l'ancien gouvernement sont renvoyés, sous le prétexte spécieux d'économie; mais, dans le fait, pour faire place à une nuée de prêtres, à l'ambition desquels le service des autels n'offre plus rien de satisfaisant. On se plaignait naguère de la pénurie où nous étions tombés dans ce genre; il n'existait pas, disait-on, assez de ministres pour desservir les temples! Il faut que Dieu ait fait en leur faveur un miracle particulier, car, en six mois on a trouvé moyen, non seulement d'en fournir les églises, mais encore les ministères, les administrations, les bureaux, les agences, et tous les postes où il y a de l'argent à gagner, et des chefs de famille à remplacer. Tous les actes de l'autorité semblent émaner d'un concile ou d'un conclave; on ne nous parle plus que de solennités religieuses, de processions et de tout ce qui est ou devrait être absolument étranger à l'administration de l'Etat. Est-ce là, nous osons le demander, ce que Sa Majesté a entendu, lorsqu'elle a déclaré à la France que, dans la constitution qu'elle lui donnait, elle avait voulu *apprécier les effets du progrès toujours croissant des lumières, les rapports nouveaux que ces progrès ont introduits dans la société, la direction imprimée aux esprits depuis un demi-siècle*, etc., etc.

Le Roi veut oublier les votes et les opinions! N'est-ce pas braver insolemment la volonté du monarque, que de chasser comme on a fait de tous les emplois publics les hommes qui, dans le procès de Louis XVI, ont adopté l'opinion fatale à ce malheureux prince. Ce sont des *assassins*, nous dit-on à la tribune de nos chambres législatives, et dans les journaux dirigés par nos ministres! Mais depuis quand des hommes établis juges par une grande nation, sont-ils responsables de l'arrêt que leur conscience, bien ou mal éclairée, leur a dicté? Je suis loin de prétendre borner la liberté des opinions d'un législateur ou d'un écrivain, mais j'oserais assurer que ceux qui s'expriment ainsi mériteraient une punition exemplaire, non pas parce qu'ils ont été injustes ou insolens, mais parce qu'ils violent l'un des principaux articles de la *constitution*.

On croit peut-être endormir la nation, en paraissant ne poursuivre que quelques centaines d'individus accusés de ce délit, mais d'abord il est de principe que, dans l'état social, toute la société est lésée quand un individu est injustement opprimé; et puis, croit-on nous persuader, qu'après ceux-ci, on oubliera le crime bien plus grave des hommes qui, n'étant obligés à rien dans cette question, se sont librement et volontairement expliqués sur ce grand et terrible acte de la convention nationale! Oubliera-t-on que quatre-vingt-dix mille communes avaient chacune, à cette époque, deux ou trois comités qui se sont empressés d'applaudir à leurs représentans. Oubliera-t-on les adresses innombrables par lesquelles on s'est hâté de féliciter la convention et les deux millions de signatures qui attestent l'assentiment volontaire de tant d'hommes!

La mort de Louis XVI était à notre avis injuste et impolitique; injuste, parce que la personne du prince était déclarée inviolable, et qu'aucune loi antérieure n'était applicable à sa position; impolitique, parce que l'injustice l'est toujours, et qu'une nation qui, d'ailleurs, a la confiance de sa force, devait le prouver en respectant du moins l'existence d'un prince dont tout le crime était d'avoir suivi de mauvais conseils. Telle est l'opinion que nous avons, dans le temps, essayé de faire valoir; mais ce n'était qu'une opinion, et l'autorité nationale a prononcé autrement. Le Roi, en fermant, ou voulant fermer sur ce point si délicat la bouche à ses fidèles serviteurs, a fait lui-même un assez grand sacrifice pour avoir droit de croire qu'il serait obéi par des hommes que cette catastrophe touchait de moins près que S. M. On a l'air de ne poursuivre que quelques centaines d'hommes, mais au fond la cause des votans est celle de tous ceux qui ont approuvé l'arrêt; et c'est une armée de deux millions d'hommes qui se trouve aujourd'hui obligée de se mettre en défense contre l'attaque impolitique de ceux qui ont dispersé son avant-garde.

On a grand soin, dans ces sortes de proscriptions, de paraître excepter l'armée; mais outre que la nature des considérations qui forcent à ces ménagemens, n'échappe à personne, est-ce qu'en pareil cas l'armée peut être étrangère à la nation.....? est-ce que nos soldats ne sont pas nos enfans, nos frères, nos gendres et nos amis?..... est-ce que l'on peut menacer les familles de cinq cent mille hommes, sans que ces cinq cent mille hommes soient menacés? chacun de nos soldats ne doit-il pas rentrer incessamment dans sa famille, où il se trouvera, sans s'en douter, fils, cousin ou gendre d'un assassin, ou d'un partisans de l'assassinat. Est-ce comme cela que l'on termine les discordes civiles; et une poignée de fanatiques viendra-t-elle ainsi insulter et proscrire deux générations?

On fait le dépouillement de tous les journaux, de toutes les opinions imprimées, de tous les livres où sont consignées quelques idées du temps, et l'on prétend arranger cela avec la volonté du Roi! On fait sur les pages du *Moniteur* le relevé des lettres par lesquelles nos généraux rendaient compte au Corps législatif des dispositions de nos armées à ces époques, et l'on entend tirer un grand parti des expressions que fournissait la langue alors en usage, contre le régime monarchique; mais que gagne-t-on à cela? On afflige quelques hommes faibles qui rougissent aujourd'hui de ce qu'alors ils croyaient honnête tandis que les réflexions, l'âge et l'expérience, expliquent si naturellement le changement qui s'est fait dans leur façon de penser; on les afflige, et l'on sème la terreur dans des âmes que Sa Majesté avait entrepris de tranquilliser elle-même, en nous invitant tous à une sécurité si nécessaire à tous.

Le Roi a voulu que nulle différence ne fût mise entre les propriétés dites nationales et patrimoniales. Nous n'avancerons pas que les ministres aient directement et positivement établi cette différence, mais elle existe de fait, et par suite des doutes et des alarmes qu'ils ont élevés sur le sort de la constitution et de la France. C'est un fait que tout propriétaire d'un bien national, qui voudrait aujourd'hui le vendre, ou hypothéquer sur ledit bien la dot de ses enfans, ou un emprunt nécessaire à l'activité de son industrie, serait obligé d'y renoncer, ou de souffrir une perte notable, contre la volonté du Roi, et de la constitution qu'il nous a donnée.

Le Roi a voulu que la liberté individuelle fût garantie; il en est de cet article comme du précédent. Personne ne peut y compter tant que la violation des autres articles constitutionnels n'aura pas été exemplairement punie. Qui peut d'ailleurs assurer que personne n'ait été arbitrairement arrêté, lorsque la seule manière dont nous pourrions en être instruits, la correspondance des journaux, est exclusivement entre les mains des ministres, contre le vœu du Roi et de la constitution; lorsque tout article à insérer dans une feuille publique est toisé et exploré par un commissaire du Roi, nommé par les ministres; lorsque l'impression d'un seul paragraphe déplaisant peut compromettre l'existence et la tranquillité de l'auteur, de l'imprimeur, du libraire, et de quiconque l'aurait favorisé? Rien n'est véritablement assuré lorsqu'il existe dans l'état quelqu'un qui s'est réservé les moyens d'attenter impunément aux droits qui le gênent.

Le Roi a voulu que les ministres fussent *responsables*; mais comme ce mot *responsable* a paru trop clair ou trop étendu, ils ont trouvé le moyen de donner à cet article, comme à tous ceux où la volonté du Roi ne comportait pas de distinction jésuitique, une petite entorse propre à élever un jour assez de doute pour amener à ce sujet une explication grammaticale à leur manière. Ils ont ajouté qu'on ne pourrait les poursuivre que pour *trahison* et pour fait de *concussion;* et c'est dans le vague de ce mot *trahison* qu'ils espèrent trouver leur salut. Ils prétendront n'avoir pas *trahi* tant qu'ils n'auront pas livré la personne du Roi aux ennemis de l'État; car il est bien reconnu que dans leur sens, ils ne peuvent trahir que le *Roi*, puisque le *Roi* seul les a nommés. Tant que la puissance législative n'aura pas décidé que le dépôt de la constitution, étant confié au gouvernement, il y aura trahison lorsque la constitution aura été violée par suite des ordres d'un *ministre*, leur responsabilité sera un article purement dérisoire, et cela est si bien arrangé dans leur tête, qu'ils ne se font aucun scrupule de faire exécuter chaque jour, au nom du Roi, des ordonnances par lesquelles ils cassent des lois existantes, ou y contreviennent de la manière la plus hardie et la plus punissable. La puissance législative se tait sur ces empiétemens du gouvernement, et autorise par ce silence les craintes et les inquiétudes qui tourmentent la nation, et empêchent la consolidation si désirable du nouvel ordre de choses.

Le Roi a voulu enfin que la presse fût libre; cet article n'était pas imprimé qu'il y avait déjà une direction de la librairie chargée d'arrêter la circulation de tout ce qui ne conviendrait pas aux *censeurs*, c'est-à-dire, à ce que l'on connaît de plus bassement et de plus constamment vendu au despotisme ministériel; à d'insolens et ignares détracteurs de tout ce qui est utile et généreux, à ces hommes enfin qui sont pour la littérature ce que les eunuques sont dans les sérails. Préposés à la garde d'objets auxquels ils ne peuvent pas atteindre, ils se vengent de leur impuissance en chagrinant et molestant au profit de leurs maîtres.

Certes, on pourrait se dispenser de pousser plus loin les réflexions à cet égard. Il est évident que la constitution est violée par cela seul que la presse n'est pas libre. Cette violation est un mal si épouvantable, qu'il paraît superflu de s'étendre après cela sur l'état humiliant et précaire où la nation française est réduite au dix-neuvième siècle, sous le point de vue qui lui inspirait jadis un si noble et si juste orgueil, celui de la prééminence qu'elle devait à sa littérature. Quand la liberté publique est écrasée par la violation de la charte qui nous l'eût assurée, conviendrait-il de déplorer l'avilissement de la littérature? Songe-t-on à la perte de ses joyaux quand l'honneur et la vie sont en danger?

Au reste, ceux qui se sont donné la peine de défendre les droits du génie et de la pensée, si bien consacrés par les engagemens du monarque, et qui ont étayé ces droits de toute la puissance du courage et du talent, n'ont encore embrassé que la partie la moins essentielle de la question. Nous ne sommes pas tous gens de lettres, nous autres qui réclamons la liberté de la presse, mais nous sommes tous citoyens et sujets de l'Etat. La littérature pouvait faire notre richesse et notre orgueil, mais une constitution sacrée pour tous, eût fait notre bonheur et notre tranquillité. La liberté de la presse nous garantissait tout ce qui rend la vie heureuse et douce; elle nous assurait nos propriétés, notre honneur, notre vie, et la punition de quiconque attenterait à l'un de ces biens. La privation de cette garantie nous livre comme des bêtes aux chaînes et aux fouets de nos gardiens. J'aime bien que l'on ne voie en moi que la misérable envie de barbouiller quelques feuilles de papier, lorsque je ne réclame l'arme de la presse que contre les brigands diffamateurs qui, pour six francs, égorgeraient quiconque a l'honneur de déplaire aux tyrans qui les soudoyent! J'aime bien que l'on me dise hypocritement que je puis faire un livre de 320 pages, quand je n'ai à dire que ces mots : LES MINISTRES ONT VIOLÉ LA CONSTITUTION!

Qu'a-t-on imprimé de répréhensible depuis que la presse a pu jouir de quelque liberté? Quelques pamphlets anonymes; mais ce qui est anonyme, par cela seul que l'auteur n'ose pas se montrer, ne peut faire aucun mal; et la censure ne le préviendrait pas.

Quelques calomnies; mais presque toutes ont été insérées dans les journaux soumis aux censeurs; les réponses, qui seules eussent dû être admises, ont été seules rejetées. Les lois faites suffisent pour assurer justice aux offensés, quand les tribunaux voudront faire justice des coquins protégés ; et il faut espérer que cela arrivera lorsqu'il aura plu aux ministres d'organiser les tribunaux comme la constitution le prescrit, et de faire délivrer aux juges la commission royale qui les rendra inamovibles et indépendans.

On n'a encore attaqué les ministres que sous le rapport de leur logique et des innovations qu'ils veulent introduire dans la langue; et ces messieurs se plaignent déjà des contrariétés qu'ils éprouvent ! Mais il ne tiendra qu' à eux d'avoir autant d'auxiliaires qu'il y a d'écrivains honnêtes et attachés à la constitution. Ils n'ont rien à faire pour cela que s'habituer à la respecter, au lieu de chercher les moyens de l'éluder impunément. Qu'est-ce au reste que l'inconvénient de voir les ministres un peu tracassés, comparé à celui de tourmenter toute une nation qui voit se r'ouvrir devant elle le gouffre épouvantable de l'arbitraire !

On sait bien qu'ils sentent eux-mêmes le faible de leur raisonnement, et pour intéresser dans leur querelle des têtes plus augustes, on a imaginé de livrer à la curiosité des oisifs quelques pages infiniment répréhensibles, et qui ont excité la juste sévérité de la police; mais qui est dupe aujourd'hui de cette manœuvre si souvent mise en usage? *Fecit is cui prodest.* Voilà un axiome de tous les temps, et qui peut servir à diriger les recherches. Au reste, ces entreprises de la déraison, ces insultes faites aux objets de nos respects ne prouvent rien contre la liberté de la presse, et ne montrent tout au plus que le danger de chercher comme on a fait, dans le *Moniteur*, des renseignemens presque toujours suspects, quand ils ne sont pas évidemment faux. La loi est là qui punit les délits; si elle n'est pas complette, que les ministres en proposent une qui le soit davantage, mais qu'ils ne se servent pas des délits pour empêcher l'usage de nos droits.

Si l'on passe de l'examen de la constitution à celui des autres actes qui émanent directement de la volonté du Roi, et qui nous ont été donnés en sa presence, on verra que partout l'excellent esprit de ce digne prince a prévu et ordonné ce qui nous convient; mais aussi qu'en tout il est désobéi dans les actes postérieurs qu'on lui surprend, ou qui se passent à son insçu.

Le Roi, par exemple, a fait lire devant

l'assemblée solennelle qui a reçu la constitution, une ordonnance qui exclut les étrangers de toutes les fonctions importantes, *ne voulant admettre à l'exercice des droits de citoyens français aucun étranger qui n'aurait mérité ce titre par des services importans.* Eh bien! un mois après, les journaux nous ont appris que l'on traitait avec la Suisse des conditions d'une capitulation qui doit mettre à la merci d'une troupe d'étrangers le dépôt sacré de la personne du Roi. On confiera la garde du chef de l'Etat à des hommes à qui le Roi ne veut pas que l'on confie l'exercice de la plus petite fonction publique, et cela lorsque l'on a en France vingt mille officiers aussi braves que fidèles qu'il faut réformer par économie!

On nous dira que ces troupes seront prises chez un peuple connu par sa loyauté et son attachement à ses promesses; nous savons cela, mais ces soldats sont des étrangers; ils sont braves et fidèles; mais ils ne sont pas plus braves que les Français! ils ne seront pas plus fidèles à la France que les Français!

Leur trop scrupuleuse fidélité n'est même pas sans inconvénient, et se prête merveilleusement aux abus que l'on en peut faire. On les a vu, au 10 août, sans ordre du Roi, et certainement contre son gré, obéir à l'impulsion d'un courage aveugle, et commencer un combat qui peut-être n'eût pas eu lieu si des Français eussent été à leur place (1).

Ne voit-on pas d'inconvénient à employer en France ces troupes, qui se croiront peut-être chargées de venger, sur un peuple bien innocent, la catastrophe si funeste aux régimens qui les ont précédés? Les mêmes hommes qui ont voulu des *muets* voudraient-ils aussi des *janissaires?*

On n'ose se livrer aux sinistres conjectures que fait naître une mesure aussi étrange, et si peu analogue à l'état où nous nous trouvons;

---

(1) Je faisais partie de la compagnie des grenadiers du bataillon de *Saint-Etienne-du-Mont*. Tout ce bataillon était partisan de la constitution, et conséquemment contraire au mouvement dirigé contre le château. Il s'y porta, bien décidé à défendre le Roi; mais la nature de la manœuvre adoptée par les chefs, le plaça vis-à-vis des gardes suisses. Ces imprudens et braves étrangers crurent de leur devoir de faire feu, et les troupes qui venaient les seconder, se voyant attaquées, cédèrent au malheureux génie qui dirigea la journée. Je ne sais pas comment la chose se fût passée si les Suisses n'eussent pas tiré, mais elle n'eût guère pu être plus malheureuse.

Absent depuis deux jours, j'arrivai le soir du 10, et trouvai ma section assemblée. Plusieurs de ceux qui avaient marché à la défense du Roi, changés par l'évènement, m'accusèrent devant elle, et me dénoncèrent comme un *aristocrate*, *qui avait refusé d'aller à l'attaque du château*. Voilà les hommes en masse!

ce qui serait bien déplorable surtout, ce serait que les hommes qui les provoquent eussent la malheureuse pensée qu'ils seront plus forts et plus autorisés à entreprendre contre le peuple, lorsqu'ils seront entourés de quelques milliers d'hommes! Quand reconnaîtra-t-on que la vraie force n'est autre chose que *la justice*, la prudence, *la justice*, la sûreté du gouvernement, *la justice?*

Il existait une troupe nombreuse et invincible d'hommes déjà habitués à conserver à la France ce qu'ils croyaient être le dépôt le plus cher pour elle; leur seul défaut était une vertu. *La fidélité*. Les regrets qui leur sont échappés, les recommandaient peut-être à notre monarque mieux conseillé, plus que ne fait à notre avis la désertion des hommes les plus favorisés par la puissance abatue. Voilà des guerriers à qui nous croyons que l'on eût pu se fier. Une noble et généreuse *témérité* est la prudence des grandes âmes; c'est celle qu'eût adoptée le petit-fils d'Henri IV livré à ses seules inspirations; c'est peut-être celle qui nous eût sauvés. Les mesures que prend le gouvernement ne sont du ressort de notre critique qu'autant qu'elles sont textuellement contraires à la charte constitutionnelle. Nous nous bornerons donc à dire que l'appel en France d'une troupe de gardes suisses nous paraît éminemment impolitique, ou, si on l'aime mieux, d'une très-imprudente politique. Nous oserions prédire que si elle s'exécute, elle sera fatale à la France, et dût-on nous accuser un jour d'avoir préparé nous-mêmes les malheurs dont nous aurions été d'avance si bien instruits, la vaine crainte d'être de nouveau calomniés ne nous empêchera pas de prédire ce qui nous paraît résulter nécessairement de la nature des choses; et d'avancer que là où nous verrons semer une mauvaise graine, c'est une mauvaise graine qui sera récoltée.

Voilà, Sire, un tableau plus adouci que chargé des actes par lesquels vos ministres ont détruit dans l'esprit des peuples les espérances qui commençaient à leur faire oublier leurs angoisses. Voilà la vérité que l'on vous cache, sans doute, et que j'ai cru urgent de placer sous les yeux de Votre Majesté.

Daignez, Sire, recevoir avec bonté, l'hommage du respectueux dévouement avec lequel je suis,

Sire,

De Votre Majesté,

Le très-humble, très-obéissant et fidèle sujet,

MÉHÉE DELATOUCHE, rue du Paon, n°. 1.

Paris, 15 Septembre 1814.

P. S. Au moment où je terminais cet écrit, les journaux m'apprennent que M. l'abbé de *Montesquiou* vient de reproduire à la chambre des députés sa loi contre la liberté de la presse, avec les amendemens voulus par celle des pairs. Après avoir gémi sur la facilité avec laquelle une *majorité*, faible à la vérité, mais enfin la majorité de cette chambre, a pu si légèrement prononcer la suspension de la constitution sans laquelle elle-même n'existe plus, sans laquelle il n'y a en France que des individus sans gouvernement; on aime à reconnaître que dans cette discussion, de beaux caractères se sont développés, et que des hommes qui n'étaient pas assez connus sous ce nouveau raport ont du moins prouvé à la nation que la cause de sa liberté leur était chère, et n'avait pas été généralement trahie.

Si pergama dextrà
Defendi possent, etiam hac defensa fuissent.

On éprouve ensuite une espèce d'inquiétude sur la manière dont s'y prendra notre ministre de l'intérieur, pour faire vouloir à la majorité de la chambre des députés, précisément le contraire de ce qu'elle a voulu. Il n'est pas en effet difficile de reconnaître que tout en admettant la même loi, les majorités des deux chambres ont voulu deux choses différentes, et ne sont nullement d'accord. M. l'abbé *Montesquiou* a sué sang et eau pour prouver à celle des députés que le dictionnaire de l'Académie avait eu tort de ne pas définir le mot *réprimer* comme on l'entend chez les ministres et à la bourse; il a enfin assigné à ce mot un nouveau sens, et au moyen de ce nouveau sens, que la majorité de la chambre a admis, la loi se trouvait constitutionnelle. C'est comme *constitutionnelle* qu'elle a été adoptée à une faible majorité.

La chambre des pairs au contraire a trouvé, à ce qu'il paraît, qu'il était impertinent de se mocquer de toute une nation au point de lui dire qu'elle ne connaissait pas sa langue, et que sans les leçons de M. l'abbé Montesquiou, elle ne l'eût jamais bien sue. Elle a peut-être aussi jugé qu'il était dur de convenir que la sûreté publique, la tranquillité de la nation, la garantie des fortunes, de l'honneur et de la vie des citoyens, tenaient à une pointillerie grammaticale; elle a jugé plus noble et plus franc de dire qu'il fallait nous livrer à la bonne foi et à la merci des ministres; et en conséquence elle leur a adjugé leurs conclusions, après avoir refusé d'admettre qu'elles fussent *constitutionnelles*.

Aujourd'hui on propose à la chambre des députés de dire comme la chambre des pairs, c'est-à-dire de déclarer précisément le contraire de ce qu'elle a déclaré il y a quinze jours. Il faut convenir que le ministre a une rude confiance dans la complaisance des députés. On a bien dit à certain tribunal : *Vous avez jugé il y a vingt ans de telle façon, aujourd'hui vous venez de juger tout le contraire*, ET SEMPRE BEN. Mais d'abord on riait en disant cela, et de plus, il y avait eu vingt ans d'intervalle entre les deux jugemens !....... Mais en quinze jours !...

Quelques ministres anglais ont prétendu avoir le tarif de toutes les consciences du royaume, et pouvoir faire dire à la majorité le *pour* ou le *contre*, à leur volonté, mais le *pour* et le *contre* en quinze jours ! Faire déclarer qu'une chose est *constitutionnelle*, et quinze jours après qu'elle ne l'est pas !...... Car c'est dire cela qu'adopter la suppression du préambule !

Oh ! que l'on est puissant quand on tient un porte-feuille !

Au reste, si la chambre des députés admet la loi *Montesquiou*, comme constitutionnelle, il est à présumer qu'elle rendra alors au mot *réprimer* le sens qu'il avait jadis, puisqu'elle n'aura plus besoin du nouveau. C'est un principe reçu qu'il ne faut pas multiplier les êtres sans nécessité.

Quelques amis nous ayant fait observer que l'on pourrait abuser de l'espèce de restriction que nous avions paru faire dans la première édition de cet écrit, à l'obéissance que l'on *devra* à la loi inconstitutionnelle, si par malheur elle est adoptée et promulguée; nous ne balançons pas à supprimer ici cet article, qui, dans notre intention au moins, ne présentait rien de douteux. Nous avions dit : *On obéira comme on obéissait à* NAPOLÉON. Il faudrait être bien de mauvaise humeur pour entendre par là que l'on *désobéira*. Il est vrai que le même mot signifie aujourd'hui tout ce que l'on veut!.....

Au reste, cet écrit nous a valu bien des lettres anonymes. Les unes contiennent des remercîmens, les autres des injures. Nous remercions les auteurs des uns et des autres. Il en est une signée C M qui mêle de la bienveillance à ses reproches; nous remerçions encore l'auteur de celle-ci, tout en regrettant que sa signature ne soit pas plus claire.

De l'impr. de CHARLES, rue Dauphine, n°. 36.

www.ingramcontent.com/pod-product-compliance
Lightning Source LLC
LaVergne TN
LVHW020250230826
846091LV00006B/2341

* 9 7 8 2 0 1 1 7 5 5 9 0 2 *